国家汉办／孔子学院总部汉语国际推广基地项目

主　编：宁继鸣
副主编：马晓乐　孙雪霄

运河文化

The Culture of Canal

李泉　著

山东大学出版社

序

宁继鸣

经过近两年的编撰修订，《中国文化读本》系列丛书终于有机会呈现在读者面前了。

《读本》的策划与实施，来源于对当前语言与文化传播的理解。当各国各民族的科技成果、生活方式通过多元化的信息传播渠道以百川汇海之势融入全球化浪潮时，世界也在倾听不同国家、民族的声音，欣赏多元文化的精彩。每一个民族和国家的语言与文化，都可能在全球化的过程中影响他人，变革自我。传统文化与现代文明、东方文化与西方文化在时间和空间的交织中对话，在国家、地区、种族的跨文化传播中交流与重构。正如全球化市场需要中国一样，全球多元文化的交流同样离不开中国，绵亘发展了五千年的中华文化同样也应该在全球化浪潮和社会需求的涌动与召唤下，逐渐走向国际舞台，展现自己的风采。

为了让中华文明的优秀成果为世界了解与共享，我国每年有相当数量的文化普及读物走向世界，这其中不乏脍炙人口的优秀作品，但从总体看，美好的愿望与现实之间仍存在很大距离。从政府到民间，众多专家和学者都在思考这个问题，并在自己的实践中寻求突破的路径。随着科学技术的不断发展，时空被压缩，网络更发达，机遇与挑战并存。应该说，语言、技术和平台本身不是难以逾越的障碍，关键是如何选择一种符合国际语境的中华文化的呈现、诠释和传播的方式。

在民族文化语境下，中华文化知识是“一元”的，但在传播过程中，这些知识被置于“多元”的文化语境，即不同国家、不同民族的文化环境下。要实现知识或信息在“一元”与“多元”之间有效传递，不发生传播的偏向，最大程度地确保不同文化背景、价值观念和思维方式的受众能够较为准确地理解和接受传播内容，需要一个语码转换的过程，需要传播主体在民族文化认知的基础上进行理性的文化选择、生动的文化呈现和恰当的文化诠释。而这种语码转换——文化选择、呈现、诠释和传播的能力，是影响文化传播效果的关键因素，也是我们的普及读物获得域外读者关注、认可所亟待解决的核心命题。

带着一种探索与尝试的心态，我们启动了《读本》的编撰工作。研发通俗易懂的中华文化优秀普及读物是国家汉办、山东大学中华传统文化研究与体验基地的建设任务之一，本套丛书也得到了国家汉办/孔子学院总部的支持。

2010年，在对海内外文化普及读物广泛调研的基础上，我们召开了《读本》编撰研讨会，很快得到国内广大专家、学者的支持与响应。参与编撰的学者多是该选题领域的专家，对选题认识深刻，积淀深厚，他们积极为《读本》编写献计献策。尽管视角不同，方法多样，形式不拘一格，但在目标上却有共识：通过自己的努力，为中国文化的精粹走向世界略尽绵薄之力。

为了实现这一目标，学者们倾注了心血和智慧，他们深厚的学养和严谨的著述态度确保了文稿内容的权威性，而为达到文化传播效果，不惜几易其稿的精神，更令我们敬佩感动。可以说，在他们的大力支持下，《读本》从无到有，迈出了关键的一步。

为了促进中国文化的世界传播，增强跨文化交流的效果，《读本》在以下几个方面作了一些尝试：

首先，关注文化选择能力。文化选择是一种意识，也是一种能力，需要传播主体建立中外文明同时空的理念，自觉地进行中外文化比较，寻找双边文化的共鸣点和契合点，在尊重外国读者文化接受心理的基础上筛选知识，诠释知识，传播知识。敢于舍弃，寻求重点、焦点内容，是必要而重要的。事实证明，平铺直叙和面面俱到的表达方式往往不能奏效。

其次，尝试采用多元文化的呈现形式。《读本》的文化呈现是多元化的。除借助浅易生动的文辞外，《读本》还配以精彩的插图，试图通过图文并茂的呈现形式，借助图片传播的特色增进文化理解。

最后，选取恰当的文化诠释方式。《读本》尽量避免学术语境，行文中贯穿着情节化、故事化的表述，夹叙夹议，可读性强，通过对故事的理解增进对文化元素内涵的认知。在叙述结构与方式方面，尝试“倒向思维”，突出中华文化生活化的比重，从当下起笔，将丰厚的文化元素发展历程作为被诠释内容的“五色土”，挖掘适宜的土壤，来培育文化传播的种子。

坦率地讲，从学术语境转向生活语境，也就是说，由学理转向普及的过程对很多人来讲都不是一个简单的转换过程，很多学者在《读本》的撰写过程中体会到了大家写“小书”的不易。中华文化的跨文化传播是一项崇高的事业，也是一个学术命题和文化现象，更是一种社会责任和民族担当，需要一代代学人和文化教育领域的工作者同心同德、群策群力。

《读本》的编撰是探索中国文化走向世界路径的一次尝试，不免存在不足，然而“九层之台，起于垒土；千里之行，始于足下”，希望能在读者的批评和修正中，不断完善与提升本丛书。

Contents
目录

第四章　游览运河 @67

引子

水上运输轻便省力，所以水路交通在中国很早就得到了利用。但是中国的自然水道大都是东西走向，南北之间无法直接通航。怎样建立南北之间的水上通道？唯一的办法是开挖人工河道。公元前5世纪前后，中国人就开始了这样的尝试，开挖出最早的人工运河。

第一章

历史的河

一、从美女西施说起

西施是中国历史上最有名的美女之一，也许你不知道，她与中国的大运河还多多少少有些瓜葛呢!

西施浣纱

春秋（前770～前476）后期，以今苏州市为中心的吴国强大了起来。吴王夫差在位时，战胜了地处长江中游地区的楚国，又攻破了今浙江一带的越国，越王勾践做了俘虏。勾践听从大臣们的建议，不仅自己去吴国当夫差的奴仆，并且挑选了一位名叫西施的绝世美女送给夫差。西施不仅容貌美艳，而且能歌善舞。夫差见了西施，欢喜万分，给她建造春宵宫和专门用来表演歌舞的馆娃阁。每天有美女相陪，听到的全是恭维奉承话，夫差自认为国势强大，南方无人能敌，于是打算进军北方，和强大的齐国、晋国一决高低，争当中原地区的霸主。

苏州一带是水乡泽国，出门就要坐船，运输物品就更离不开船了。吴王北上与齐国、晋国作战，路程超过千里，军士倒是可以步行，军需物资靠车马运输就不行了。当时，吴国、楚国都有人在南方开挖过运河，积累了不少挖河的经验。思来想去，吴王下定决心：开挖一条通向北方的人工运河！公元前486年，也就是大流士发动对希腊的第二次进攻——历史上著名的马拉松战役后的第四年，吴王夫差调集人夫，从现在扬州附近的长江北岸开始，向北开挖运河，一直挖到现在的淮安附近，与淮河连通，全长100多公里。当时长江和淮河之间，地势低洼，沼泽湖泊相连。夫差令人开挖水道，将湖泊连贯起

古邗沟图

来。同时在运河与长江相交的地方建设了一座城市，名叫“邗城”，后来这条运河就被称作“邗沟”。第二年，邗沟挖通了，夫差率领大军沿运河北上，首先打败了齐国的军队，然后在今山东西南部开挖菏水，沿河向西进军，一直到达了黄河岸边的黄池（今河南封丘南），向晋军挑战。吴国军队连年奔波，军士疲惫，国内空虚。表面上俯首称臣的越王勾践立志报仇雪耻，十年之中，发展经济，壮大军力，终于乘机攻破了吴国的都城。吴王急忙南归，无奈大势已去，吴国终于被越国所灭，吴王夫差自杀。越王勾践手下谋士范蠡原来和西施是好朋友，他感觉做官太危险，于是带着西施泛游五湖，做起了生意。他从浙江北上，大概经过了夫差开挖的邗沟，最后到达定陶住下，成了当地的大富商。邗沟是中国历史文献中记载的第一条有确切开凿年代的运河，后来经过整修，成为京杭大运河中沟通长江与淮河的重要河段。

过了一百多年，到了战国（前475～前221）时代，建都在大梁（今河南省开封市）的魏国势力十分强大。为了向东扩张，魏惠王在黄河与淮河之间开挖了运河，这就是中国历史上有名的鸿沟。公元前2世纪前期，秦始皇消灭楚国以后，继续向现在的广东、广西一带进军，为了运送粮草等军需，他命令手下将领开挖了沟通湘江和漓江的运河，这就是一直沿用到今天的灵渠。后来，西汉（前202～8）王朝在今陕西南部开挖了专门用来运输粮食的漕渠。东汉（25～220）王

朝十分重视修治汴渠，它是由黄河通往淮河的一条运河。

二、曹操与运河

在中国，曹操是个妇孺皆知的人物。人们都知道他是有名的军事家、政治家、文学家，但很少有人知道，他还是一个开挖人工运河的能手。

东汉末年，天下大乱，北方地区经济遭受了毁灭性打击，秦汉以来开挖的运河也遭到破坏。经过几年征战，曹操逐渐占据了中原地区。为了实现全国统一，他苦心经营以许昌（今河南许昌）为中心的根据地，有计划地开挖运河，以便于对外用兵。官渡之战大胜袁绍后，建安七年（202），曹操首先对从浚仪（今河南省开封市）到官渡（今河南中牟北）之间的汴渠进行开挖疏通，当时叫作“睢阳渠”。这条运河很短，还不到50公里，但大量军事物资通过它运到官渡，为曹操清除袁绍的残余势力奠定了基础。过了两年，曹操亲率大军，渡过黄河，向北方进军。现在河南淇县向北有一条废弃了的黄河故道，名叫“白沟”，曹操也对它进行疏通修整，然后在淇水上建起拦河坝，让淇水流入白沟，再向北，又使洹水汇入。有了这条水上运输路线，曹操军队的给养源源不断地得到补充，军事上节节胜利。后来，曹操继续向北开挖了平虏渠、泉州渠，使人工运河一直通到现在

河北省北部地区。另外，曹操还在今河北省境内开挖了利漕渠，他的儿子曹丕建立魏国以后，又在今河南境内开挖了广漕渠、淮阳渠、百尺渠。

公元2世纪初期到5世纪后期的魏晋南北朝，是中国历史上朝代频繁更替、战乱不休、社会动荡的时期，当时也有人开挖过新的运河河道，但里程不长，使用时间也较短，在中国历史上影响不大。

三、隋炀帝下江南

隋炀帝（569～618）是隋朝的第二代皇帝，他写得一手好诗文，精通音乐，喜欢巡游。江都（今江苏扬州市）是隋炀帝早年镇守过的地方，气候宜人，风景秀丽，他做了皇帝以后，很想再去那里游览一番。可是从洛阳去江都，若走陆路，不但旷日持久，而且车马颠簸，十分难受。于是他下令开挖了由洛阳到扬州的运河，这下子可就方便多了。他令人建造了高4层的龙舟，上层是正殿、内殿、朝堂；中间两层是百官办公场所，下层供宦官居住。这龙舟金碧辉煌，就是一座水上宫殿。萧皇后乘坐的船比龙舟小些，也与龙舟一样豪华气派。还有九艘名叫“浮景”的大船，也和宫殿一般。其他名目的中小船只有好几千艘。船队用人力牵引，8万多名纤夫统一穿着锦衣绣袍，称作“殿脚”。护驾巡游卫兵的船只也有几千艘，由兵士们轮流牵引前进。庞大的船队绵延100多公里。晚上，运河里灯火辉煌，远远看去，像是地上的银河。船队由洛阳西苑经过谷水、洛水，进入黄河，由黄河依次入汴水、泗水、淮水，然后到达江都。

隋运河示意图

隋炀帝开挖运河，其实不仅仅是为了巡游，主要还是出于政治、经济的需要。当时，南方地区平定不久，必须建立便捷的交通路线，

以便加强对那里的控制。京城附近人口密集，粮食及其他物资大量从东方、南方运送；北方边境受少数民族的侵扰，常年有大军防守，军需物资的运输至关重要。所以政府必须建立起贯通南北的稳定的粮食与军事物资运输路线，这是开凿大运河的根本原因。统一的中央集权国家的建立，社会经济的繁荣，以数学、地理学为代表的科学技术的发展，河道规划、设计及施工等方面的经验积累，为大规模开凿运河创造了必备的条件。于是，贯通南北的大运河出现在了中国的广大版图上。

大业元年（605），隋炀帝征发河南地区上百万人，从荥阳附近引黄河水向东注入汴渠，至浚仪出汴渠折向东南，经商丘东南，过宿县至盱眙北流入淮河。这段沟通黄河与淮河的运河称为“通济渠”。这一年，他又征发淮南民众10余万人，开挖邗沟入江口，拓宽加深邗沟旧河道，这段运河改称“山阳渎”。过了四年，他征发河北各地男女百余万人在黄河以北开挖永济渠，从现在河南武陟沁水入黄河处开始，向北引沁水入卫河，到河南汲县附近进入白沟，最终到达涿郡蓟县（今北京市）。两年后，又将镇江到杭州间的江南运河疏浚整理，拓宽加深，以便通行大船。以上4条运河首尾相连，以洛阳为中心，向南通过通济渠、山阳渎、江南河到达余杭（今杭州市），向北进入永济渠到达涿郡。中国历史上贯通南北的京杭大运河最终形成了。隋

代的京杭运河全长3700多公里，沟通黄河、淮河、长江等几大水系，成为中国古代南北交通的大动脉，直到如今，它仍然是世界上最长的人工运河。

唐朝（618～907）前期，这条运河仍然发挥着重要的运输作用，政府十分重视对它的疏通和治理。唐朝后期，汴渠（当时通济渠改名为“汴渠”）一带为武装割据的藩镇所控制，时常断绝交通，后来终于淤塞废弃。五代（907～960）周世宗治理汴渠，才使之恢复通航。北宋（960～1127）政府十分重视对汴河的修治，设有专门的管理机构和专业的护河队伍，制订了严密的管理制度；北宋中期以后管理开始松弛，黄河泛滥，泥沙淤积，汴河交通时常受阻。宋初为向北方边疆运送军粮，加强了对御河（永济渠）的治理，但由于时常受黄河冲决、淤积，北宋一代，御河的修堤、疏浚、改道等工程连年不断。到了金代，汴渠已完全淤塞废弃。但由于当时又新建了一些引水工程，保证了北方御河的畅通。总之，北宋积贫积弱，无力保证运河的南北畅通，而南宋与金划淮对峙，以邻为壑，运河的贯通更是无从谈起了。对于江南运河，两宋朝廷除疏浚河道，修建闸坝外，还多次改挖运河入江口，以保证运河入江畅通。

四、从大草原来到河海之滨

公元12世纪初期，中国北部草原上的蒙古族强大起来，成吉思汗的铁骑所向无敌，一路西进，打到欧洲的多瑙河流域，让欧洲的封建领主闻风丧胆。当然，他更不会放弃攻打中国境内的金朝和南宋朝。成吉思汗的儿子窝阔台在位的时候，联合南宋攻灭了金朝；他的孙子忽必烈即位后，对南宋展开猛烈进攻。蒙古军队进入中原，特别是到达河道纵横的江南地区后，勇猛剽悍的铁骑难以纵横驰骋。他们及时调整兵种结构，训练水军，修造战船，通过长江、泗水、淮水及残存的运河河道运输军队及军事物资，终于攻灭了南宋。元朝（1279～1368）定都大都（今北京市）。政治中心在北方，经济重心却在东南。京城所需粮食及其他生活物资均由南方补给，因此必须建立起贯通南北的可靠的运输线。当时运河年久失修，已不能全线通航，漕船只能先沿江南运河、江淮运河旧道进入淮河，然后溯黄河而上，过开封，转陆路，入御河，经临清、德州北达京城。这条漕路迂远曲折，水陆转徙，运输成本高，运量有限。当时也曾尝试开辟海运路线，但海运危险重重，年年都有粮船沉没失事，运粮的漕卒淹死五六千人。在这样的情况下，元朝政府决定对京杭大运河进行疏通改造。

元代的运河，自北向南分别是：（1）通惠河，由京城到通州，至元二十八年（1291）郭守敬设计开凿，历时一年多完成；白河（潞河），通州到直沽，至元十三年（1276）到至元二十九年（1292）间陆续修成，主要是将原有河道拓宽疏浚，裁弯取直。（2）御河，又称“卫河”或“卫运河”，即隋唐以来永济渠北部河段，主要工程是堵塞灌溉渠道以恢复水势，加固堤岸以防溢决。（3）会通河，这是元朝新开挖的河段。至元十九年（1282）十二月开挖济州河，以济州任城（今山东济宁市）为中心，向南至鲁桥与泗水沟通；向北经南旺、袁家口至须城的安山镇（今梁山县小安山）入济水（大清河），全长70多公里。为解决水源问题，在兖州城东泗水上筑金口坝，拦截泗水使之西流；在堽城（今山东宁阳北堽城里村）筑坝拦截汶水，使其南流入洸河；洸河在兖州西与泗水汇合，流至任城南北分流，南流以增泗水流量，

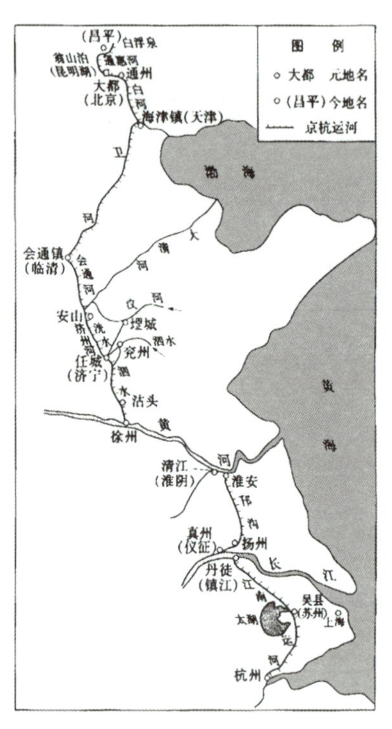

元代运河示意图

北流至安山入济水。至元二十六年（1286）正月，接济州河向北继续开挖新河道。经寿张、聊城，西北到达临清，入卫运河，全长120多公里。六月河成，忽必烈赐名“会通河”。由于济州河与新开的会通河联为一体，所以后来这两段运河通称“会通河”。（4）淮扬运河与江南运河。会通河南入泗水，再由泗水入黄河与淮扬运河相接。元代对今淮安以南到杭州的河道进行了疏通整理，没有开挖新河道。

元代对运河各河段进行开挖整理后，不仅使得北起北京、南到杭州的大运河全线贯通，而且航程比隋唐时期的京杭大运河缩短了数百公里，奠定了明清运河的基本格局。但是，元代会通河的设计存在不少缺陷。首先，水源分配不合理，北段水量不足。这是因为济宁地势北高南低，拦截汶水、泗水从这里进入运河，向南流容易，向北流十分困难，所以船行至济宁以北常常搁浅。其次，运河开挖修治规格偏低，河道窄而浅，不便行船。加上黄河决口，侵淤运河，所以通过运河运到都城的漕粮每年最多不过二三十万石，还不到漕粮总量的十分之一。

五、农民水利专家白英

明清时期，汶上县南旺运河分水工程旁边，有一处由许多庙宇楼阁组成的气势恢弘的建筑群，庙中祭祀的，有民间奉祀的各种神灵，也有对修治运河贡献卓著的高级官员，但有一座神祠祭祀的却是一位土生土长的农民，名字叫“白英”。这在中国运河发展史上绝无仅有，在整个中国历史上也不多见。人们为什么要为白英修祠奉祭呢？

南旺分水工程

明朝（1368～1644）初年建都金陵（今南京市），南粮北运的数量不大，运河的作用也不那么突出。明成祖迁都北京，漕运形势发生了根本变化。京城及北部边疆的粮饷，全都从南方运来。当时运河是南北之间最便捷、安全的交通路线，运河的运输能力低，关键是会通河一段通航困难。明成祖派人实地考察后，于永乐九年（1441）二月

征发民夫、军卒26万多人，令宋礼主持，修治疏浚会通河。宋礼将会通河河道从安山湖西改到安山湖东，让安山湖为运河提供水源，同时避免黄河泛滥淤塞运河。但是济宁以北运河水浅，仍然无法通行载重的漕船。运河不通，怎么对得起几十万挖河的民工，更没法向皇帝交待啊！宋礼忧心如焚。他思量再三，深知手下的水利专家们解决不了这个问题，必须深入民间作调查。他来到了地势最高的汶上县南旺镇一带，脱去官服，换上便装，走村串巷，向农民询问情况。有人告诉他，有个叫白英的农民，当过管理山泉水源的小头领，是个治水、治河的能人。宋礼见到白英，虚心求教。白英深受感动，便向宋礼提议说："山东这段运河，南旺地势最高，只要将汶河水引到南旺，从这里注入运河，然后向南分流过济宁，向北分流过张秋，就是再大再重的船只也畅行无阻！"宋礼听后，喜不自胜，马上请白英出山，帮他设计分水方案。根据白英的建议，宋礼派人在汶河中游的戴村附近修建起一座拦河坝，拦截汶水不让它流向下游。同时开挖一条河道，把被拦截的河水向西引到南旺，从这里输进运河。至今南旺一带还流传着分流之水"七分朝天子，三分下江南"的民谚，意思是说，引入运河之水，十分之七朝天子所在的北方流去，十分之三朝江南的方向流淌。后来，人们又在南旺南、北5里各修建一座水闸，定时启闭闸门以控制南北的分水量，关闭北闸水则南流，关闭南闸水则北流，达

到了“水如人意”的目的。此外，明代在会通河沿线设置了许多“水柜”（湖泊、水库），河与湖之间建立水闸，河水过大则泄河水入湖，河水过小则放湖水入河，利用水柜将运河水量控制在最适于航运的水平上。此后从徐州到临清400多公里间，各种船只畅行无阻。

黄河可为运河提供水源，但黄河泛滥又会冲毁或淤塞运道，运河对黄河的依赖及二者之间的矛盾始终困扰着古人，成为一个难解的症结。明前期采用“治黄保运”的办法，解除了黄河决口对于会通河北段的威胁。后来，黄河北决之水大都流向济宁、鱼台之间，济宁到徐州一段运河，不是被冲毁，就是被淤塞。明政府进而采用“避黄保运”的办法，在会通河南端开挖了南阳新河和泇运河两条新运河，将原来傍昭阳湖西岸南行的河道改为从昭阳湖东岸南行，使运河远离黄河。此后山东、江苏之间的运河不再受黄河的侵害，漕运里程缩短百里，且避开了黄河上的徐州、吕梁两个险段，大大便利了运河交通。

徐州至淮安间一段运河，明代称为“中运河”，也简称为“中河”，这段运河原为泗水、淮水河道，黄河向南改道后，侵泗夺淮。明代运河自徐州入黄河东行（泇运河开通后则自宿迁东入黄河东行），“借黄行运”。“清口”（原运河入淮口）成了三条河的交汇口，工程十分险要。黄河挟带大量泥沙东流，造成入海口和清口淤塞，河身抬高，黄河倒灌入运河，淤积河道，屡经修治，但效果并不

明显。永乐、万历年间，都曾开凿新渠道，以避清口艰险。万历年间，总理河道潘季驯加固洪泽湖东岸的高家堰大堤，将淮河之水引到洪泽湖中，然后使之从清口流出，束水以攻沙，同时设闸放水入东南部宝应、高邮诸湖中，避免了清口的溃决和淤塞。淮安到扬州间的运河称“里河”，也叫“淮扬运河”。洪泽湖水进入宝应、高邮诸湖，使湖水面积急剧扩大，运河河道全都淹没于湖中。为了保障运道，避免风涛之险，明朝屡屡在湖边建堤修坝，开挖新的河道，到了明朝后期，这段运河全经河道通航，不再借湖行舟。对于江南运河，明政府也进行了疏通和整修，使这条运道更为通畅。

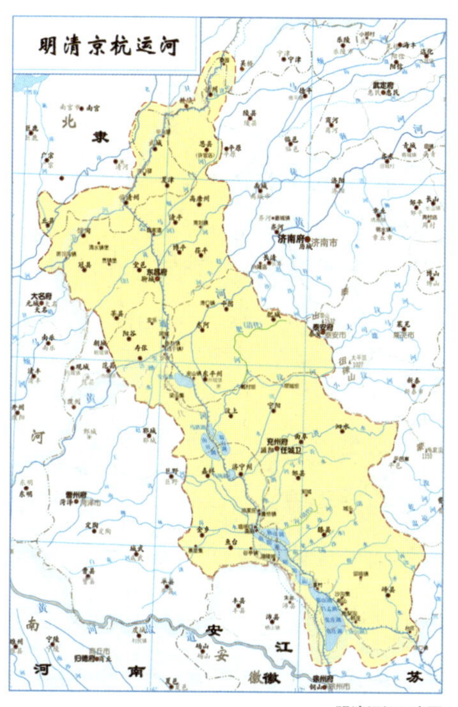

明清运河示意图

经过明朝上百年的经营，运河路线大体定形，清朝（1644～1911）只是新开了今宿迁到淮安一段90多公里的运河，使运

河与黄河完全分离，改变了元代以来“借黄行运”的局面，使往来船只避免了风涛之险，漕运所用的时间也比从前缩短了。

六、运河的新生

清朝咸丰五年（1855）夏六月，黄河下游水位猛涨。十七日这天，大雨倾盆，兰阳（今河南兰考）一带一片汪洋，黄河水势更大，许多地方河水与堤岸相平。十八日，铜瓦厢附近黄河决口三四丈，二十日全河溃决，河水一泄如注，脱离河道，向北流去；流到长垣（今属河南省）后，分为几股向东北流入山东境内，后汇流到张秋（今阳谷县张秋镇），冲毁堤防，穿过运河，向东夺大清河，从利津入海。张秋以南到安山镇的运河全被淤塞；张秋以北到临清，运河因失去南来的水源而干涸。黄河冲决张秋运河后，朝野震惊，原打算立刻动工堵塞决口，年内合拢。可当时太平天国及捻军起义如火如荼，政府军队粮饷供应紧张，哪里还有力量筹措治河费用？于是治理铜瓦厢黄河决口之事只好搁置。改道后的黄河在张秋附近将运河斩为南北两段，明清以来会通河的水源体系被彻底破坏，从根本上降低了运河的通航运输能力。当时，有很多人主张堵塞铜瓦厢决口，使黄河回归故道。从理论上讲，这种主张并不错，但是铜瓦厢决口宽度达5公里，旧河身高于决口以下水面二三丈，要想堵塞这么宽的决口，再把

黄河故道挖深三丈，对于内外交困的清王朝来说是难以做到的，所以这种意见一直没有被采纳。后来朝廷作出决定：不再讨论黄河回复故道之事，从此，黄河北徙夺大清河入海成为定局。

运河能否由张秋穿越黄河，恢复全线通航？有人提出在黄河穿运处修南北二堤，酌情留出运口，作为漕船出入黄河的门户，并筑草坝，漕船过去以后堵闭，以免黄河水倒灌。但筑运口使黄河滞流，是何等危险的事情？所以政府绝不敢作这种尝试。又有人提出，在郓城一带，遏黄河东流，可保南路运道，疏通张秋一带运河的淤积，可通北上的漕船。这种主张似有道理，但遏黄河水东流，谈何容易？所以清政府也不敢实行。况且当时的清朝，已处于风雨飘摇之中，政权尚且难保，哪里还有精力顾及运河之事。

进入民国以后，军阀割据，连年内战；帝国主义入侵，特别是日本帝国主义发动大规模侵华战争，给中华民族带来深重灾难。当此社会动荡年代，处于民族危亡之际，运河的疏通管理自然无从谈起，济宁以北运河各河段均出现极度衰败的景象。

解放初，为了灌溉、排涝和发展航运，政府组织民工对济宁运河的部分河段进行疏通和改造。1955年，有关部门开始对运河工程进行了统一规划。1958年以后的几年中，按照分期建设、保证重点的原则，对徐州至扬州段运河进行了重点治理。1982～1989年间，又对这

段运河进行了航道、船闸、港口、补水站、公路桥、船厂等全面建设，大大提高了通航能力。在山东境内，1958年以后，相继开挖了沿南四湖西堤的新航道，疏浚了湖东岸的旧河道；多次开挖疏通济宁至梁山的运河；开挖了位山引黄闸（东阿县位山）经聊城西至临清的新河道，整修后承担了向天津输水的任务。经过几十年的整修和改造，如今已建成了自济宁至杭州的近千公里的可以通行500吨到上千吨的船舶，集航运、灌溉、防洪、排涝、供水、渔业、旅游为一体的水上通道，随着南水北调东线工程的建设，黄河以北至天津段的运河水源得以解决，京杭运河的全线贯通指日可待。

微山船闸图

第二章

社会的河

一、皇朝的政治命脉

中国中央电视台制作的电视片《话说运河》，开篇就给我们展示了一张地图，说长城从山海关经过北京一直向西南延伸，而运河从北京向着东南方向流去，长城是一撇，运河是一捺，它们组成的图形正好是汉字的“人”字。它们是中华民族顶天立地的象征，也是中华民族生生不息的写照。长城和运河的确是中国历史上最伟大的两项建设工程，而长城在国内外的知名度和影响力远远超过运河，但是只要认真思考后就会发现，长城只是一项防御性工程，它的价值取向是封闭、排外的，其中多少透露出一些屈辱。运河则是一项综合性工程，它的价值取向是开放、进取的，所蕴涵的是中华民族的自豪感。反观中国古代历史，运河发挥的作用和社会影响远远大于长城，甚至可以说远远大于中国历史上的任何一项建设工程。

中国运河的开挖是一种政府行为，它的原动力在于国家的政治、军事和经济需要。大体说来，在社会分裂、战争频繁的年代里，政府组织开挖运河的主要目的是运送军队和军需物资；国家统一、社会安定的年代里，开挖运河的目的则大都是为了运输漕粮，加强与边远地区的政治、经济联系。隋唐以前，开挖运河的动因以政治、军事需要

为主；隋唐以后，运送漕粮成为开挖运河的主要目的。

中国古代社会里，许多大规模战争都与运河直接相关。春秋时期，地处中国长江以南的吴国、越国、楚国都有了水军，当时称为“舟师”。吴王夫差开挖邗沟以前，伍子胥率领吴国大军攻打楚国，到达云梦泽，水浅难以行船，于是指挥军士开挖河道，一直通到楚国都城附近，最终攻克了楚国都城。后来人们把这条运河称为“子胥渎”。前边说过，吴王夫差开挖邗沟，也是为了向中原地区运兵争霸。

秦始皇（前259～前210）统一全中国，运河起了重要的作用。秦统一前，秦国就有水军，称为“楼船之士”。秦始皇二十六年（前221），秦派大军50万分五路南下，攻占番禺（今广州市）后，继续向西进军，受到西瓯的顽强抵抗。那一带山峦起伏，粮草给养运输困难，军队前进受阻。双方相持达3年之久。后来，秦始皇令史禄在今广西兴安县北开凿灵渠，用来运送军需，最终取得了战争胜利。灵渠沟通了湘江和漓江，从秦都城所在的关中地

灵渠风光

区沿渭水进入黄河，由黄河转入鸿沟到达济水，沿济水入淮水，由淮水进入邗沟入长江，过洞庭湖转入湘江，经灵渠入漓江，而后转入珠江，直到现在广东一带，万里行舟，无所阻滞。它不仅推进了秦朝对岭南战争的胜利，而且对于秦以后巩固南北统一，加强南北之间的政治联系、密切中国各民族之间的友好团结发挥了重要作用。后来，汉武帝派5路大军平定南粤之乱，其中4路水军是通过灵渠到达番禺的，灵渠军事战略地位之重要，由此亦可见一斑。

隋炀帝开挖运河，主要是出于政治、军事目的。隋消灭南方的陈朝后，政治上与江南士族豪强的矛盾十分尖锐，陈朝境内连续发生大规模叛乱，对隋朝的统一造成很大的威胁。隋炀帝即位前坐镇扬州10年，就是为了震慑当地的反叛势力。他即位后开挖通向江南的运河，显然是为了便于在政治、军事上控制这个地区。至于说南下巡游，可能也是隋炀帝开挖运河的动机之一，但绝不是开挖运河的主要目的。他开挖通往北方的永济渠，更是直接出于军事需要。隋朝时候，中国北方突厥势力强大，经常骚扰隋朝边境，抢掠人口财富，隋常年屯兵数万人，抵御突厥进犯。隋朝初年，地处辽东的高句丽出兵攻占隋朝疆土，为隋军击退。隋炀帝即位后，国势强盛，决定征发大军，进攻高句丽。但怎样向前线运输军事物资呢？隋炀帝决定开挖通往北部边境的运河。后来，炀帝三次出兵高句丽，这条运河也就成了最为繁忙

的军事运输线。尽管这是一场失败的战争，但是从这里可以看出运河与政治、军事的密切关系。

唐宋以后，运河的政治功能常常被它的经济作用所掩盖，但是在战乱的年代里，运河军事运输和政治控制的作用仍会凸显出来。北宋极力经营御河，因为它是向北部边境运送军事物资的通道。金为了便于向南方用兵，也十分重视对御河的培护。元朝在进攻南宋的过程中，曾经在山东境内疏通河道，开挖运河，为输送军需提供了便捷的通道，也为开挖贯通南北的大运河积累了经验。元明之际，朱元璋军队北攻元朝大都，大将军徐达曾在济宁一带开耐劳坡口、塌场口，令舟船可由淮河入泗河，而后达于山东、河南。清代康熙、乾隆皇帝为了加强对南方地区的控制，多次沿运河南巡，运河的政治功能更加彰显了出来。清后期农民起义军在运河区域十分活跃，目的也是为了切断政府的运输线，动摇王朝的统治根基。大运河不是一般的水上通道，它是一条政治之河。

乾隆南巡图

二、漕运乃国家大政

《水浒传》的故事在中国家喻户晓，妇孺皆知，被誉为中国古代四大名著之一。你也许不知道，从明朝末年到清后期，它都被朝廷归入禁书之列，严禁出版和流传。将它列为禁书，根本原因是它歌颂了农民起义，但直接原因则是“李青山劫漕案”。明朝末年，山东运河沿线三年大旱，农民生计断绝，纷纷起义，其中李青山率领的起义队伍规模最大，有民众数万人，以梁山为根据地，出没于济宁南北运河沿岸，劫夺运往京城的粮米。漕运米粮一旦被劫，京城中贵族、官员、军队等生活便无保障。朝廷闻报大惊，即刻派人前去安抚。前去的官员招安了李青山，回去上奏皇帝，准备授给李官职。李青山手下的农民可不听这一套，仍旧劫夺漕粮，烧毁漕船。朝廷只得派大军镇压，结果李青山等人战败，被凌迟处死于京城。事后有大臣上奏说：李青山等人在梁山反叛劫漕，是因为受了《水浒传》的鼓动，这本书告诉他们如何聚集民众，树立旗帜，破城劫狱，杀人放火，而且给他们提供谋略计策，这是一部“贼书”，必须严令禁毁。从这以后，直到清代，《水浒传》一直被归入禁书之列。

中国历代皇朝都向农民征收田赋，其中部分粮食被运往京城或供应军需，这些粮食大都是通过水道运往指定地点的，所以被称为“漕运”（《说文》：漕，水转谷也。以车运粮称“转”，以水运粮称“漕”），漕运的粮食则称为“漕粮”。

秦汉时期，政府每年都要通过黄河、渭河及关中漕渠将山东、河南等地的粮食转运到京城长安，于是建立了漕运制度。隋唐时期，中国东南江浙地区成为粮食的重要产地，京杭大运河开通后，为漕粮运输提供了方便，南粮北运的格局逐渐形成了，运输漕粮成为京杭大运河最重要的功能之一。唐代建都长安，漕运的路线是：由江南到扬州，沿淮扬运河入淮河，经过汴河、黄河、关中运河，直到长安。唐朝初年采用分段接运的办法，在汴河入黄河的河口处等地方建有大粮仓，南方运粮的船只并不进入黄河，黄河中的运粮船也不进入汴河。遇到黄河水位太低、难以行船的时候，便将南方运来的粮食存入仓内，等涨水以后装船西运。唐高宗以后，漕粮可以一直运到洛阳，政府规定江南漕船每年二月到达扬州，四月由淮河入汴河，六七月到汴河与黄河相交的河口，八九月到达洛阳，总共要用半年时间。由洛阳沿黄河西行，三门峡形势险要，船只很难通过，通常要经陆路转运。当时南方运来的粮食，往往不能满足京城的消费需要，有时甚至会闹粮荒。唐中宗时候，曾有大臣提议把都城迁到离南方近些的洛阳去，但中宗觉得这样做很丢面子，哪里有皇帝为了吃饭问题而迁都的呢？

所以坚决不答应。后来，历朝历代都不再建都于长安，与漕粮运输困难有很大关系。北宋建都于汴京（今河南开封），漕粮运输比较便利，当时从南方运来的粮食，通常为每年600万石。

漕船图

元朝建都于北京，漕运的格局又发生了大变化。隋唐以来的京杭大运河，是以洛阳为中心点开挖的，由杭州到北京，要走一个“く”字形。为了缩短运输路程，元朝在山东境内开凿了会通河，将隋唐大运河裁弯取直，奠定了明清直到现代大运河的线路格局。但是由于河道设计存在不少问题，所以元朝大运河的运输能力很低，南粮北运主要是通过海路完成的。

明朝对会通河进行了改造疏通，每年运送到京的粮食在400万石

以上，从此，大运河成了“攸关国家命脉”的漕运之河。明代的漕运，起初实行“支运法”，交纳漕粮的民户将漕粮运送到指定的粮仓，然后由专门负责漕运的军丁分段运输，先由浙江、南直隶漕军运到徐州，再转交京卫漕军运到德州，最后由山东、河南漕军运到通州粮仓。民户运粮距离很远，负担过重，不免妨害农业生产。后来明政府改行“兑运法”，南方各省民户将漕粮运到淮安、瓜洲等地，交兑给军丁，由军丁运送到京城，民户则按路程远近给予运军路费耗米。农民的负担仍然很重。成化年间，又改行“长运法”，运军直接去各有漕省份取粮，然后送到京城或指定地点。民户就近交纳漕粮，十分方便。但他们除加交耗米外，每石漕粮还要多交一斗的过江费。此后成为法定的制度。“长运法”实行以后，民户运输日益减少，军丁运输急剧增多，长途运输取代了分程接运，漕运军丁人数大量增加。

明代漕运的管理机构十分健全。国家设置漕运总督，是专门管理漕运事务的最高长官，凡漕粮征收、解运、入仓等均由其负责。总督之下，设置各种管理漕运具体事务的官职。同时设置攒运官，负责督促漕船按期开行。设置监兑官，督察各地官员征收漕粮。负责收缴漕粮的省份也设置漕政官职，掌管本省漕粮的征收起运。漕军按军事编制管理，每一只漕船设运军十人，五只漕船编为一甲，选择有能力的人担任甲长；每只船设一个旗甲，旗甲带着本船十名运丁的姓名圆

牌，上面书写运卒的年龄、相貌；一只船出现问题，其余四只船都受牵连，承担同样的责任。为了保证漕粮运输安全、准时，明政府制定了若干法规、条例：包括漕粮开仓兑运的时间，漕船至京城的日期。漕船须每天填写开船、停船的时间，供各段巡漕官吏稽查。不能按时到达的船只，粮入德州仓，以免阻碍后来船只，运军军官受降级处罚；运输过程中漕粮出现损失，漕运官兵要承担赔偿责任，同时还要受到相应处罚。

淮安漕运博物馆

把几百万石粮食从江南运到京城，运输费用相当高。政府既要漕运军卒承担繁重的运输任务，又不愿付给他们与劳动量相当的报酬，于是沿袭宋代的做法，赋予他们一种特殊的权力，允许他们运输漕粮

时顺便从事私货贩运，以作为经济补偿，以提高他们的从业积极性。于是，漕运军卒利用漕船从南方挟带大量地方特产北上，沿途售卖；在通州交完漕粮，船已卸空，又购买大量北方特产，运回南方。这种做法，虽然降低了漕粮运输的效率，但对运河沿线商品经济的繁荣起到了巨大的促进作用。

清朝因袭明朝的制度，漕粮主要征自浙江、江苏、江西、安徽、湖南、湖北、山东、河南8省，其征收数额也大体与明朝相同。漕运管理机构更加完备，从漕粮征收、兑运到抵达通州交仓，每个环节都有专门管理机构，这些机构既上下统属，又各自负责，形成了一个独立的管理体系。设漕运总督驻淮安，负责漕粮征收、运输全过程。有漕各省设“粮道”，总管一省漕粮收兑、运输、交卸，协助漕督管理运军及漕运事务。有漕各州县设监兑官，负责监督漕粮交兑，查验漕粮成色、数量，严防运丁勒索、胥吏舞弊等，漕粮装船后，监兑官亲自押送。各纳漕省份均设押运官一名或数名，负责督押漕粮，约束运军。领运官由各卫所守备、千总担任，每个船帮设一至两人，负责管束运丁、按期行运、漕船修理等事。运河各重要河段均设“催运官”，漕船入境后，即按规定的时间催促漕船行驶，不让其滞留。另外，上自督抚，下至州县文武官员，都有催攒漕船的责任。此外，清代加强了漕运监察，派巡漕御史数人，分别巡视各河段。

漕运是政府组织的由运河承载的经济活动，它不仅支撑着京城和北部边地的以粮食为主的物资消费，而且对运河沿线地区产生了很大影响。明清时期漕船一般在万艘以上，漕运兵丁10余万人，使运河沿岸城市常住人口和流动人口大量增加；漕船夹带商品，在运河沿线买卖，漕运兵丁在运河沿线从事各种消费活动，改变了运河沿线城市的产业结构；清代大量失业农民、城市贫民及罪犯、土匪等加入漕丁队伍，后来形成帮会，对运河沿线城镇的社会风气也有一定影响。

三、熙熙攘攘的商人商帮

司马迁在《史记·货殖列传》中说："天下熙熙，皆为利来；天下攘攘，皆为利往。"用"熙熙攘攘"形容明清时期运河沿线商人商帮的经营活动，是再恰当不过的了。

明朝会通河开通后，整个京杭运河畅通无阻，这条南北走向的人工河，沟通了北起京城、南到杭州的大大小小的东西走向的自然河道，形成了以运河为中轴线的水路交通网。运河区域的几条官道、大道或与运河平行，或与运河垂直相交，形成了运河区域的陆路交通网。纵横交错的水陆通道，无一不成为商人商帮转贩货物的重要商路。运河沿线的城镇处于交通枢纽的地位，成为区域商品流通的中心。四通八达的商路和星罗棋布的城镇使运河区域形成了十分完善的

商业网络。中国各地的商人商帮，纷纷来到运河区域，在这个百货齐集的商业大舞台上，扮演着引人注目的角色。

明代，运河区域徽商势力最盛，他们以扬州一带为中心，势力覆盖整个运河区域，主要经营盐业、典当、茶叶、木材及米谷、棉布、丝绸、纸墨、瓷器等商品，有行商，有坐贾，也有的兼营手工业。清代晋商凭借着与政府的特殊关系，控制了整个北中国市场，北方运河流域出现了晋商独执商界牛耳的局面。以聊城为例，嘉庆、道光年间，运河畅通，这里商业十分繁荣，前来经商的多为外省人，其中富商大贾几乎全是山西人。据现在山陕会馆碑刻记载，当时山西、陕西人在聊城开设的店铺多达八九百家。他们经营的行业十分广泛，以粮食、食盐、典当为主，兼营茶、棉布、丝绸、铁、炭、木材、金融业及衣帽、皮货、毛毡、丹、油、书、纸、墨、烟、酒、漆、烛、杂货、海味等等。苏南一带经济发达，而且处于运河中段，得天时、地利，所以苏州洞庭山的洞庭商人、南京的江宁商人、太仓商人、无锡商人在运河沿线城镇十分活跃。他们多以经营棉、绸为主，兼营茶、糖、竹、酱菜、粮食、锡箔等。浙江商人在运河区域也十分活跃，他们以经营绸缎、毛竹为主，兼营稻米、典当、日用杂货、桐油等。江西商人也来到这里，他们以经营瓷器为主，兼营纸张、药材。以经营布匹、粮食、药材著称的山东济宁商帮，不仅在本地有很大的势力，

在江浙运河地区也十分活跃。来自闽粤、辽东的商人也常常出现在运河区域，从事各种贸易活动。

在明代，由南方沿运河北运的商品中以纺织品为大宗，其中运往河南及山陕地区的商品装船后由运河入淮河、黄河，再运到开封等地转卖；运往山东、河北及北方各省的则全由运河运输，沿途在各城市转卖。临清是北方最大的纺织品交易市场，万历年间城内共有布店73家、绸缎店32家，年销棉布万匹以上。由北方沿运河南运的大宗商品是棉花，当时鲁西各地棉花种植面积很大，每到棉花成熟季节都有大量商人前来收购，装船运往江浙地区。清代，随着华北地区纺织业的发展，南方纺织品北运的数量大大减少，贩运粮食的商船数量大增，其中省内或省间短途运输数量较大，但长途贩运的船只也不少，他们把南方大米运到北方出售，然后把北方的大豆贩运到南方。另外，产自安徽、福建等地的茶叶大量沿运河运到北方，北方的梨、枣等干鲜水果也大量运到南方。

运河区域商人经营的货物涵盖了社会生产、生活的方方面面，对运河沿线民众的生产和生活方式带来了深刻的影响。各地商人不仅组织地缘性商业集团，建立会馆，同时参与当地的公益活动，修建桥梁、古迹、寺庙、考棚，设置义冢，树立良善诚信的商人形象，改善经商环境，这种惠人惠己的做法有利于外地商人的本土化，加速了各

地商业文化的传播与相互融合。

聊城山陕会馆

会馆是客居外地的同乡人在寄居地建立的用于联络乡谊、祭祀鬼神的场所，产生于明代，盛行于清代，按性质可分为两类：一是政治性会馆，多为官员、士绅所建，用于同乡往来和应试者居住，北京城中最多；二是商业性会馆，为工商业者所建，是社交、存货、祭神的地方，多建在工商业发达的城镇，运河沿线最多。以山东为例，明清时期，从德州的桑园镇（今吴桥县桑园镇）到峄县的台儿庄（今枣庄市台儿庄区），运河沿线城镇中，分布着来自全国各地的商人商帮建立的大大小小数十座会馆、公所，成为明清时期运河商业文化的载体和见证。其中有山西商人建立的山西会馆、西晋会馆，山西、陕西商人合建的山陕会馆，山西、陕西、河南商人共建的三省会馆，安徽商

人建立的安徽会馆，福建商人建立的天妃宫，江西商人建立的江西会馆，浙江商人建立的浙江会馆、武林会馆，江苏商人建立的苏州会馆、金陵会馆，湖南商人建立的湖南会馆等等。

四、十里人家两岸分

明清时期，在京杭大运河这个南北唯一的水路交通线上，兴起了大大小小的商业城镇，其中有全国及区域性政治、经济中心城市，也有纯粹的商业城镇。运河沿线的规模较大的城市有以下几个：

大运河的最北端的北京城是元、明、清时期全国政治中心，城内外居住着贵族、官员、军队、百工、艺人及大量外来人口，全国各地的商品通过运河及陆路运到这里，维持了它数百年的繁盛。正阳、崇文、宣武3座城门之外是商业区，各种商号鳞次栉比，一直传袭至今的许多老字号，大都坐落在这里。

天津位于南运河与北运河的交汇处，明代早期还是一个军镇，明后期开始向商业城市转化，入清以后，作为离京最近的海港城市，南北各地的货物都运到这里，或转运各地，或就地出售。天津距长芦盐场不远，大量食盐从这里运销。天津的经济地位日渐重要，商业迅速繁荣起来。清朝后期，天津开始由传统商业城市向近代工商业城市转变，先后出现外资企业20余家，清政府也在这里投资办了许多企业。

如今天津作为直辖市，仍然是北方的工商业重镇。

北京正阳门棋盘街

明初运河畅通以后，位于会通河与南运河（卫运河）交汇处的临清很快发展为北方重要的商业中心城市。会通河南支与北支之间的中洲及会通河、南运河两岸，是新兴的商业社区，形成了若干专门经营某种商品的街巷或市场，见于地方志记载的以商品名称或手工业部门命名的街巷有茶叶店街、草店街、冰窖街、酱棚街等；市有锅市、马市、鸡市、青碗市、姜市、饭市、柴市、猪市、米市、菜市、羊市、牛市；巷有果子巷、大白布巷、小白布巷、白纸巷、钉子巷、银锭巷、躧鼓巷、竹竿巷、琵琶巷、箍桶巷、粜米巷、纸马巷、麴巷、估衣巷、手帕巷、弓巷、窑冶巷、鞍子巷、豆腐巷、打狗巷、马尾巷、油篓巷、皮巷、香巷等等；另外锅市街、碗市街、马市街两旁也分布

着各业店铺。这里设置钞关征收商税。嘉靖年间，临清钞关的年商税额达83000余两，超过了地处京师的崇文门钞关而位居全国八大钞关之首。明代著名政治家、文学家李东阳写诗描绘了临清城的建筑规模、昌盛繁华景况："十里人家两岸分，层楼高栋入青云。官船贾舶纷纷过，击鼓鸣锣处处闻。"（李东阳《怀麓堂集》卷九一）诗中也说，临清运河两岸十里之中都有人家居住，楼台建筑高耸入云，官船、商船来来往往，到处可以听到娱乐的锣鼓声音。会通河断航后，临清急剧衰落，现在虽然工商业有一定的发展，但在全国城市中的经济地位，已经是大大不如往昔了。

明代济宁的商业已经十分繁荣，入清以后持续发展。康熙年间济宁州征收商税1300余两，乾隆初年增加到7900余两；道光年间，城内街巷从原来的45条增加到107条；四关厢街巷由原来的45条增加到183条。运河岸边的新兴商业区多以工商业门类为名。如：鸡市口大街、布市口大街、驴市口街、炉坊街、纸坊街、糖坊街、粉坊街、曲坊街、皮坊街、杀猪街、花（指棉花）街、姜店街、枣店街、七铺大街、打铜巷、竹竿巷、小竹竿巷、葛被巷、大油篓巷、小油篓巷、打绳巷、果子巷、烧酒胡同、瓷器胡同、糖坊胡同、打水胡同、香铺胡同、银子胡同、馓子胡同、棉花市、豆腐市、篮子市、菜市等。济宁手工业发达，光绪年间这里较大的皮毛作坊有20余家，资金总额白银

姑苏（苏州）繁盛图

20余万两。从事烟草收购、加工的有6家，雇佣工人4000多名。如今济宁仍是山东西部重要的工商业城市。

淮安处于里运河、黄河和淮河的交汇处，明代在这里设置河道、漕运管理机构，清代设江南河道总督府和漕运总督府，城外置钞关，南方运来的大米、白布、绸缎、竹木器物等，北方运来的麦豆、棉花等农产品，都在这里过关纳税，使这里成为苏北地区的商品集散地。

扬州临运河，近长江，距淮南盐场较近，是富商大贾聚集之地，食盐、木材交易是扬州贸易的大宗，来自安徽、浙江、山西、湖南、湖北、江西、广东的商人纷纷在这里设置会馆。因为交通方便，气候宜人，所以各地富商纷纷在这里建筑别墅园林，叠石为山，曲水为

池，竹木葱郁，亭台辉映，工艺之精巧，建筑之豪华，在中国园林建筑史上久负盛名。近代以来，扬州失去交通枢纽地位，经济开始衰落，近年发展速度有所加快。

苏州位于物产丰富的太湖流域，地处大运河与娄江的交汇处，明清时期一直是东南地区的商业中心城市，这里的丝绸生产和交易居全国之首。丝织业工艺复杂，内部分工细密，出现了机户出资经营、机匠计工受值的雇佣劳动关系。离这里不远的松江府是棉布的主要产地，那里的产品大都到苏州印染、贩卖。此外，苏州的工商业部门还有铜铁制作、竹木器具、刺绣、漆器、土木建筑、玉作、制衣、印刷、酿造、金银珠宝、金融典当、生活服务、交通运输等等，总计30

多种手工行业和50多种商业行业，种类和规模超过了其他任何商业城市。近代以来，苏州经济持续发展，现已成为运河沿线规模最大、经济最发达的非省会城市。

杭州位于大运河的南端，临钱塘江入海口处，物产丰富，交通便利，风景秀丽，气候宜人。隋唐以来，杭州一直是东南著名的工商业城市，南宋在这里建都，加速了城市发展速度。明清时期杭州更为繁华，手工业尤为发达，为东南又一丝织业中心。清后期，民营机户已有上万家，不少机房具有手工工场的性质。锡箔制造是杭州的另一传统手工业，清代以加工锡箔为生的也有上万家，产品销往全国各地。此外，折扇、雨伞、茶叶、烟草等行业也十分兴盛。历史上，杭州的工商业社区曾长达30余里，是全国屈指可数的商业大都会。如今，杭州作为浙江省省会，经济发展速度加快，文化更为繁荣。

明清时期运河沿线的中等城市更多，它们或者是区域性政治中心城市，或者是地处要冲的区域性商品集散地。规模小些的商业城镇十分密集，它们处于运河沿线的码头、桥梁、关津、闸坝所在地，有便利的交通条件，可以充当远离运河的经济区域进入运河的通道。这些大中城市和小城镇像一颗颗珍珠镶嵌在运河上，组成繁华多姿的运河城镇带，拉动着运河区域经济的发展，也承担着向外的经济辐射功能。

第三章

文化的河

一、从《金瓶梅》说开去

《金瓶梅》写成于16世纪初，是中国文学史上出现最早的世情小说。它以《水浒传》中“武松杀嫂”的故事作引子，描写清河县破落财主西门庆由发迹到败落的故事。它的作者“兰陵笑笑生”到底是谁，目前有几十种不同说法，不过在这些不同的说法中，几十个《金瓶梅》作者的“备选人”，绝大多数都出生或生活在大运河区域。小说的情节更是以大运河为背景逐步展开的：书中描述的临清城市繁华，可与其他书籍相印证；七八十处临清景物

《金瓶梅》插图

的描摹，在临清地方志中都可以找到真实的记述；特别是对临清钞关、娱乐业、服务业、运输业的描绘，更说明作者对临清有全面深入的了解。《金瓶梅》以运河沿线城市作为故事展开的背景，并不是偶然巧合，而是与运河区域经济、文化的繁荣有直接关系。一些研究者发现，许多明清小说都与运河有一定关联，或者描写运河沿线的人和事，或者作者出生、生活在运河区域。

通俗小说是市民文学的重要组成部分。市民文学兴起的先决条件是城市工商业兴起，市民阶层力量壮大。明清时期运河畅通，极大地推动了城市工商业的繁荣，运河沿线形成了城镇带。在运河城镇中，工商业、服务业人口占绝大多数，他们的物质生活水平比农民高，对精神生活的需求比农民强烈，通俗小说的出现便适应了这样的需求。

明代小说中，影响最大的是被称为“四大奇书”的《三国演义》、《水浒传》、《西游记》和《金瓶梅》，这四种小说都和运河有关系。《三国演义》的作者罗贯中祖籍太原，后来长期生活在运河南端城市杭州，作者从东汉末年黄巾起义起笔，写到西晋建立为止，演绎了魏、蜀、吴三国的历史。《水浒传》的作者施耐庵，也曾长期生活在运河区域的泰州、杭州、淮安，小说中故事的发生地是运河附近的梁山泊，故事的展开则是以山东运河区域为背景，那些行侠仗义、替天行道的起义领袖们身上所表现的，正是明清时期山东运河区

域民众使酒任侠、刚武尚义的品格。《西游记》作者吴承恩出生于淮安府，长期生活在运河区域。《西游记》通过唐僧师徒西天取经的故事，用浪漫主义的手法，揭露了当时社会政治的黑暗腐朽，表达了人们摆脱压迫、争取自由的愿望。这些著作中表现出的积极向上的思想倾向、向压迫者抗争的精神、曲折生动的故事情节，都是当时运河区域城市经济繁荣的产物。

生活在运河区域的文人，出入于市井，受商业文化浸染，关注商人的经营活动与个人生活，逐渐改变了不屑与商贾为伍的清高态度，在他们创作或改编的小说中，包含了大量商人生活题材的作品。“三言”（《喻世明言》、《警世通言》和《醒世恒言》）、“二拍”（《初刻拍案惊奇》、

《红楼梦》插图

《二刻拍案惊奇》）是这方面的代表作。“三言”的作者冯梦龙，籍贯长洲（今苏州市），是运河沿线商业最发达的城市之一。他长期生活在社会下层，熟悉商人生活。“三言”120篇小说中，写到商人生活和以商人为主人公的有50多篇，有些故事描写商人发家史和经营过程，是商人社会生活的历史再现。“二拍”的作者凌濛初，籍贯乌程（今浙江湖州），长期在苏州、南京生活。他的父亲经营出版业，是一个亦商亦宦的家庭。商人题材在他的作品中占的比重超过了“三言”。在凌濛初看来，经商是第一等的生活产业，科举登第要排在它后边。他对商人的社会地位的评价真是太高了。

清代运河区域通俗小说的代表作是曹雪芹的《红楼梦》。曹雪芹的祖父、父亲都担任江宁织造，这是一个在南京专门负责为宫廷制作服装、衣饰的机构，所生产的衣饰全都通过运河送到京城。后来曹府家道中落，曹雪芹贫居北京西郊。小说通过描写以贾家为首的几个大家族的兴衰过程，再现了清代运河区域经济繁荣和社会上层生活的浮华，其中也有对运河区域重大历史事件的直接描述，如书中说贾家曾在苏州、扬州一带监造海舫，修理海塘，预备接驾，“就把银子都花的淌海水的”；江南甄家曾接驾四次，“别说银子成了泥土，凭是世上所有的，没有不是堆山塞海的”（《红楼梦》第十六回）。说明了清代康熙、乾隆沿运河南巡时，地方官员趋奉迎合，花费巨大。书中

关于文人诗社、节日时令、戏剧曲艺、酒席宴饮等方面的记述，无不再现了当时运河区域的社会生活场景。

二、由昆腔到京剧

京剧是中华传统文化的结晶。许多人都知道，京剧是由徽戏、汉剧、昆腔、秦腔四大剧种融汇而成，但相信很多人还不知道，这些剧种的融汇是以运河交通为纽带而实现的。

中国京剧

宋朝时候，社会经济空前发展，市民阶层迅速兴起，在商业繁华的城市中，戏曲艺人说唱的场所勾栏、瓦舍处处都有，为民间戏曲艺术的发展提供了良好条件。南宋定都临安（今浙江杭州），宫室百官、文人大家纷纷追随前往，杭州到福州一带人口急剧增加，经济很快繁荣起来。北方的艺人迁来这里，当地民间艺人也涌向城市，双方碰撞交汇，逐渐形成了新的戏曲剧种，称为“南戏”。到了元朝，北方杂剧向南传播，南戏从中吸取营养，得到进一步发展。明代，南戏沿大运河及其他交通路线四处传播，与地方民间戏曲相结合，又形成新剧种，称为“传奇”。传奇戏有四大声腔，在江南运河南端今杭州湾一带形成的、以浙江海盐为中心的传奇声腔叫“海盐腔”；在浙东运河区域形成的、以今余姚为中心的传奇声腔叫“余姚腔”；在今江西、浙江交界处的弋阳一带传播的声腔叫“弋阳腔”；流传于江南运河流域中部地区、以昆山为中心的声腔称“昆山腔”。明中期以后，弋阳腔吸收了北方戏曲的唱法，汇集其他声腔的优点，以管弦乐、打击乐伴奏，声调柔美流丽、婉转悠扬，比较适合文人、市民阶层的审美情趣，所以它的影响迅速扩大，传遍大江南北，风靡全国。

入清以后，戏曲延续了明代的繁盛局面，其中大运河南端的江浙一带及运河北端的京津地区的戏剧创作和演出最为发达。江浙戏曲以苏州为中心，出现了一批很有成就的剧作家，当时称为“苏州派”。

北京城中，由南方沿运河传播而来的昆曲十分盛行，另外还有被称为“京腔”的弋阳腔。乾隆后期，著名艺人魏长生的秦腔和山西梆子戏班来到北京。不久，乾隆皇帝为庆祝80岁生日，令徽戏的三庆、四喜、春台、和春四个戏班进京。徽戏不像昆曲那样缠绵婉转，而是铿锵高亢，唱词通俗易懂，赢得了宫廷贵族的认可。起初徽戏只在宫廷演出，后来走出宫廷，面向京城市民。在以后的几十年里，北京城中的各种戏曲相互渗透，相互融汇。其中徽戏接受了昆曲、秦腔的许多声腔，也演出其他戏曲的剧目，在京城中最受欢迎。相比之下，昆腔开始受到冷落，不少昆腔演员离开京城，回到南方；仍然留存京城的昆曲演员，转而加入徽班演出。许多徽班的演员既能唱徽戏，也能唱昆腔、梆子腔等其他声腔，这样一来，以唱西皮、二黄为主的徽戏声腔，逐渐吸收了其他剧种的唱腔和剧目，使用北京地区的语言，接受北京地区的风俗习惯，形成了一个兼收并蓄的新剧种，这就是京剧。

京剧是融汇全国各地声腔剧目形成的新剧种，因此能够适合全国各地民众的口味，很快沿运河传遍大江南北。道光年间，三庆班班主程长庚从安徽来到北京，他是京剧的开山祖师。他的唱腔，以徽调为本，兼取汉剧、昆曲、秦腔等唱法之长，直腔直调，雄浑高亢，字正腔圆，寓柔于刚，当时称为“皮黄调”。程长庚之后的谭鑫培，艺名“小叫天”，他继承了程的艺术风格，融会变通，能唱昆曲，对汉调也十分熟悉。他进一步吸收其他剧种的精华，也成为京剧的一代宗师。到辛亥革命时期，京剧已经沿运河传播到上海等地，并在那里扎下了根。

运河沿线城市密集，交通便捷，经济发达，文化兴盛，文人、艺人南来北往，或经过，或常住，推动了运河区域戏曲艺术的发展。徽戏、昆曲、秦腔等戏曲演员沿运河往来演出，将戏曲艺术留在了运河区域。当地艺人又对它们进行改造，加入适合本地人需要的艺术成分，使用当地语言演出，创造了许多新剧种。运河区域原有的各种地方戏，不断吸收其他戏曲的长处，形成了新风格。到民国年间，沿运河各地已经出现了许多影响较大的地方戏，如京津地区的曲剧、评剧，河北的河北梆子、乱弹，山东的茂腔、柳子戏、五音戏、山东梆子，江苏的淮剧、扬剧、锡剧，浙江的越剧、绍剧等等。这些地方戏同样是中国传统文化的重要表现形式，凝结着运河区域各地的社会风尚、民风习俗，是我国非物质文化遗产的重要组成部分。

三、金龙四大王与妈祖信仰

明清时期，有这样一个神话在运河区域广泛流传：南宋末年，有个叫谢绪的人见奸臣当道，难有作为，于是隐居在金龙山中，筑起望云亭，自娱自乐。浙江一带遇到灾荒，谢绪拿出家产，免费给灾民提供饮食，使很多人免于饿死。后来，忽必烈率领元兵攻入南宋都城，掳去太后和小皇帝。谢绪认为是奇耻大辱，说“我活着不能报效朝廷，死了也要消灭贼寇”，说完跳入长江自杀了。过了很久，尸体也没腐烂，脸色还像活人一样。人们把他埋到了祖先的庙旁。朱元璋率兵反元，已经成神的谢绪托梦给他，说一定保护他成功。朱元璋的手下大将傅友德与元军在徐州附近黄河（当时这一段也是运河河道）的吕梁洪大战。士兵们见空中有个神人披着铠甲前来助战，士气大振，大败元军。明末大运河开通后，往来船只均要经过吕梁洪，这里水流湍急，经常出现船只沉溺的险情，人们过洪之前，都要祈祷谢绪保护，结果个个灵验，后来就在吕梁洪地方建起神祠，供过往人员祭拜。

金龙四大王像

当时从社会上层到普通民众，都相信人间的杰出人物灵魂不死，能成为超社会的天神。朱元璋为了鼓舞士气，战胜元军，于是借助于神话。战争的胜利，更加深了人们对天神的崇拜。大运河开通之后，经常受洪水侵扰，黄河频繁决口，先是在会通河北段张秋附近冲决运河河道，后又流到济宁以南，在昭阳湖以西淤塞运河；运河的不少河段或流经湖泊，或借黄行运，水大浪高，常有激流险滩，不时有翻船事故发生。人们依赖河水通行船只，又畏惧河水对生命、财产的损害，在努力改善航行条件的同时，也祈求神灵保护。于是，谢绪的神话故事转化成民间信仰，成为保护航船的神祇。因为谢绪排行第四，曾隐居金龙山，所以人们尊称他为“金龙四大王”。鲁南重镇济宁是这一新兴信仰的传播中心。这里是京杭运河的漕运咽喉，南有昭阳等湖，北有南旺诸湖，东有汶泗环绕，西

妈祖像

有马场湖，水系发达，居民多从事渔业及水上运输，故大王崇拜盛行。渐渐地，他们把大王神变成了自己的乡土神，每到一地经商修建会馆，总是在会馆中供奉金龙四大王。明朝中期，济宁商业迅速繁荣，济宁商人势力也快速崛起。他们经商的足迹遍及运河流域及通都大邑，金龙四大王崇拜也随之蔓延开来。在四出经营的同时，济宁商人把产生于家乡故土的金龙四大王崇拜传播到大江南北。当政者为了减轻漕运兵丁及官船水手对运河的恐惧情绪，顺势而为，在许多地方由政府出资建起了大王庙，中央派出官员或委托地方官员按时祭拜。到了清代，大王成了官方崇祀的水神，大大小小的金龙大王庙遍布于运河沿线各地。

如果说金龙四大王是起源于北方的水神的话，那么天妃则是来自南方的水神。天妃又称“天后”、“妈祖”，传说是福建莆田人，五代时都巡检林愿的女儿，生于后晋天福年间，北宋初年成为神灵，后来常身着朱红的衣服往来于海上，当地人把她看作航海的保护神。宋代官方便已开始了对天妃信仰的提倡，封她为“灵应夫人”，祭祀她的庙宇被赐予“顺济”的匾额。元代曾封她为“护国明著天妃”，后又多次加封，名头越来越多，褒奖的语句也越来越长。明清时期，皇帝多次对其敕封，康熙年间，其封号升格为“天后”。道光年间又敕封她为“天后圣母”。光绪年间，其封号已经长达60多字。官方一再

对天妃敕封，民间的天妃崇拜也步步升级，而且逐渐从南方传到北方，从海神演化成全能的水神。

天妃信仰的传播路线有两条：一条是海路。自古以来中国沿海地区渔民尊奉龙王为海神。从元朝开始，漕粮大都从海上运抵天津，而后运到京城。与此同时，民间的商船海运也兴盛起来，特别是清代开放海禁以后，商船的海路南北往来更为活跃。福建沿线的天妃信仰沿着漕船、商船的海运路线，逐渐向北传播，由浙江到江苏沿海，而后到达山东沿海，最后到达天津。另一条传播路线是运河。明朝永乐以后直到清末，南方的漕船全部从大运河到达通州，一路上，他们要经历高邮、宝应诸湖的风涛，经受淮河、沿黄河行运的风险考验，对济宁以南的几个湖泊、天津附近的三角淀，也要防止水势浩大对航船造成的威胁。会通河段水源缺乏，船闸林立，船只经常搁浅，也是令他们感到烦恼的事情。常年在运河上奔波的漕运兵丁，远离家乡的南方商人，在这些艰险面前常常感到迷惘无助，为寻得心灵上的慰藉，他们只好求助于自己的乡土神。于是，天妃信仰逐渐在运河沿线传播开来。运河是一条开放性的河流，运河文化是开放性的文化，它能够吸收各地文化的精粹，也易于容纳各地宗教神灵。

明朝初年运河刚刚畅通，远离江南的德州就出现了天妃庙。后来，临清也修建起了天妃宫，济宁有了天妃阁，鲁南小镇台儿庄也有

福建商人建立的“天后圣母宫”。天津的天妃宫建成时间更早，元代这里就有了“直沽天妃灵慈宫”，比明代的天津卫城还要早100多年。现在的天津市天妃宫遗址博物馆，就建在明清时期天妃宫旧址上，博物馆占地面积5800平方米，建筑面积3000平方米，主要建筑中央为明清大殿遗址，周围有两层展厅，展线长200米，展品有出土文物200余件。明清时期，北京也建有天妃宫，作为京城水陆码头的通州，在清代时更有天妃宫两座。

大体说来，明朝以前，北方运河区域经济萧条，民间神灵信仰单一，与南方经济发达的区域相比，偶像神的祭祀信仰少得多，除了佛、道诸神圣及祖先神灵祭祀外，较为普遍的是东岳大帝、碧霞元君崇拜。明朝开始，随着大运河的贯通、人们对水运的倚重以及商业经济的繁荣，各种行业神、自然神和圣贤神的崇拜日益增多。到了清代，神灵崇拜与民间的反抗情绪交织，衍生出各种各样的民间宗教派别，八卦教、清水教、天理教、离卦教、圆颅教、在理教、罗教、弘阳教、闻香教等等广泛流传，在人们的精神及日常生活行为诸方面发挥着心理安慰、娱乐生活、互助互济、精神寄托等多方面的重要作用，成为一股潜伏于社会下层的文化力量。

四、魂留华夏的苏禄王

明成祖建都北京后，采取鼓励海外国家来京朝贡的政策，尤其是郑和下西洋以后，前来朝贡的国家激增。这时，京杭运河已全线开通，东南亚诸国的使者几乎全是从福建、广东沿海登陆，从运河乘船北上，到达北京。前来朝贡的东南亚国家，见于记载的有40多个。他们一方面寻求政治上的庇护，另一方面通过与明朝的朝贡贸易获取经济利益。他们除带来各种宝石、香料及其他地方特产贡献给明廷之外，还挟带数量巨大的私货，有的在沿海各登陆口岸销售，有的在北上途中售于运河各城镇、码头。明朝廷对来贡的使者赏赐十分丰厚，

苏禄王墓

所赐物品主要是银钞及纺织品。因为朝贡贸易有利可图，所以东南亚各国来华朝贡甚为频繁。按照明政府的规定，藩外诸国两到三年可朝贡一次，但东南亚各国因水陆交通便利，常常是每年朝贡一次，甚至是每年朝贡两次。因此在大运河上，常年可见东南亚各国朝贡的船只靠岸销货购物，各运河城市也都有东南亚各国的香料特产出售。

在大运河岸边的德州市郊，有一座明代外国国王的陵墓——苏禄王墓，它是明清时期外国使团沿大运河往来的见证。苏禄国位于菲律宾南部的苏禄群岛，有三个国王，东王、西王和峒王，其中东王地位最高。早在唐宋时期，中国与苏禄国就有贸易往来，中国的商船频繁出入苏禄岛，购买当地盛产的珍珠。永乐年间，郑和的船队多次到达菲律宾群岛，也曾到达苏禄国。永乐十五年（1417）八月，苏禄国东王巴都葛叭哈剌、西王麻哈剌叱葛剌麻丁、峒王叭都葛巴剌卜各率家属、随从共340余人来到北京朝贡，朱棣隆重接待，赠送他们丰厚的财物，并且赐给封号。九月，使团沿运河南下回国。行至德州，苏禄东王病危，逝世于德州北安陵驿。噩耗传到北京，成祖十分悲痛，赐给他谥号“恭定”，并亲自撰写祭文，派礼部郎中陈士启前往德州致祭，抚慰其家人、随从。明政府在德州为他举行了隆重的葬礼，按诸侯王的葬制为他修建了陵墓。

按照中国的礼俗，明成祖让苏禄东王的长子回国继承王位，次子

安都禄、三子温哈剌及王妃、随从等10余人留在德州，守墓三年。对于在德州守墓的东王家人等，明成祖令户部从设在德州的国家粮仓中每人每月给口粮一石，每月供给布匹、银钱，赏赐给他们祭田238亩，永不征收土地税。苏禄王的两个儿子及王妃享受明政府优厚的待遇，愿意定居在德州，长期为苏禄王守墓。他们死后也都葬在了苏禄王坟墓的旁边。后来按照中国的姓氏习俗，安都禄的后裔改姓安，温哈剌的后裔改姓温，苏禄王墓边逐渐形成了安、温二姓居住的村庄。明朝宣德年间，政府又在东王墓附近建清真寺一所，供信奉伊斯兰教的苏禄王后人及当地其他回民祈祷礼拜。清代，中国与苏禄国仍然保持着密切的外交关系，应苏禄国使者的要求，政府对苏禄王墓作了大规模维修，苏禄国来华使者每经德州，都会前往苏禄王墓祭拜。居住在德州的安、温二姓，光绪年间已有56户，近300人，其中一个叫温宪的人，曾做过四品道员。

大运河畅通后，日本、朝鲜及欧洲的商旅、使团也都乘船到中国东南沿海登陆，然后沿运河到达北京。唐代以后，中国与日本之间的经济、文化交流一直十分密切。元代京杭运河开通后，不少日本的商人、文人、学者经由运河到达北京，或在运河区域从事商业和文化交流活动。明代日本与中国间的朝贡贸易很发达，这种贸易要经过朝廷批准，并发给许可证明“勘合金牌”，所以也称“勘合贸易”。明

政府与日本进行勘合贸易的主要目的是满足其“四方宾服”的政治需求，同时希望通过双方交往抑制倭寇的侵扰。而在日本方面则主要是想通过朝贡贸易获取经济利益。但在客观上，使节的相互往来促进了双方的经济、文化交流，使得中国文化在日本得到更广泛的传播。

元代以后，从海路到中国来的朝鲜人很多，他们有的从浙江、福建沿海登陆，然后沿大运河到达北方各地。当时仅浙江一省，就有庆元、温州、橄浦、杭州四个口岸可与朝鲜通商。贸易商品的数量远远超过前代，品种多达200余种，贸易形式也比较灵活，除朝贡贸易外，还有官方和私人贸易。明代中朝之间的经济、文化往来更为兴盛。每逢元旦和明朝皇帝生日，高丽王都要遣使朝贺。明朝政府按照关系亲疏确定外国使臣朝贡的次数。明朝政府因倭寇问题对日本存有芥蒂，规定其为十年一贡。东南亚各国与明朝关系和睦，为三年一贡；朝鲜与中国的关系十分亲密，所以从未认真执行过三年一贡的规定，有时一年一贡，或至一年多次来贡。明中期以后，朝鲜人大都从陆路来北京，很少经过运河了。

西方商人和传教士中，也有不少人沿运河往来，或活动在运河区域。元朝初年，意大利著名旅行家马可·波罗在中国居住、任职时，曾经从北京出发，沿大运河南下。他在“游记”中记录了运河沿线城市及运河区域的风土人情。20多年后，著名的意大利旅行家鄂多立克从

威尼斯出发，经印度到达广州，而后经泉州、福州到杭州，由扬州沿江淮运河入会通河，经济宁、临清，最终到达汗八里（今北京）。元朝对外来宗教采取放任与宽容的政策，刺激了欧洲人前来中国传教的热情，罗马教廷和欧洲君主纷纷派遣传教士到中国来。他们有的是由陆路到达元上都和林，有的则走海路，在中国东南沿海登陆，再由杭州入运河，到达元大都（今北京）。明朝中期以后，又有不少西方传教士到中国来，他们大都是在中国东南沿海港口登陆，然后沿运河到达北京或北方各地。西方传教士来运河区域活动的主要目的是传播西方宗教和价值观念，但与此同时也带来了西方先进的科学技术，客观上促进了运河区域与西方的经济文化交流。

忽必烈会见马可波罗

第四章

游览运河

一、从北京到临清：通惠河、北运河和南运河

元代科学家郭守敬

现在北京城内积水潭公园的西北角，一尊人物雕像肃穆挺立：他左手握着一卷图纸，右手指向前方。他就是元代著名的科学家郭守敬。郭守敬的雕像为什么被安放在这里？原来，北京到通州的一段运河叫“通惠河”，是郭守敬设计开挖的。通惠河的水源来自北京城西的玉泉山，泉水向东南流，有西山泉水汇入，一路形成小的湖泊，北京颐和园中的昆明湖，就是其中之一。泉水由昆明湖继续向东南流，到北京西直门外，叫“高粱河”，流到城西北方，入德胜门，就是积水潭，南流为什刹海，进入旧皇城后为北海、中海和南海，出城后与护城河汇合，再从东便门向东流，一直到达通州。元代，漕船可以直接开进北京城，积水潭就是当时的水运终点码头。那里不仅有漕船往返，而且停泊着大量官船、民

船，来自江南及其他地区的各种商品都在这里上岸发售，周围形成了规模很大的商业市场。到了明代，通惠河年久失修，水道淤塞，船只无法到达积水潭了，于是水运码头变成了种植荷花的水塘，因为风景极佳，所以豪门高官纷纷在这里建筑园林别墅，潭边也成了北京人游览、欢宴的场所。而今这里已是高楼林立，著名的积水潭医院就坐落在这里。

大运河从通州向东流，经过香河县，进入天津境内，一直流到天津城区，这段运河叫作“北运河”。因为它是由自然河道疏通改造而成，所以也有人用自然河道原来的名称给它命名，称为“白河”、“潞河”。

杨柳青年画

过天津沿大运河不远便是杨柳青，这个古老的小镇以木版年画著称于世，当初它是运河上的大码头。再南行，有大清河、子牙河流入，到沧州市后，折向西南方。过了著名的杂技之乡吴桥县，便进入山东省境内，到德州市。德州明初只是一个军镇，运河畅通后，很快发展为山东北部的商业城市。苏禄王墓就在运河旁边的北营村，墓为圆形，坐北朝南，高4米，直径16米。墓碑上以楷书刻着“苏禄国恭定王墓”七个大字。墓台上种植有龙柏、侧柏、水杉、冬青等。墓前是祠庙，正殿中悬挂着苏禄王画像，东西各有配殿三间，大门三间，周围配以长廊。墓东南侧有御碑亭，内有永乐十六年（1417）所立“御制苏禄国东王碑”，碑文为明成祖亲自撰写。墓东侧是王妃及二子、三子墓，西侧是明代所建清真寺。沿运河继续前行，到达临清市。天津到临清间的运河称作“南运河”，这个名称是相对北运河而言的，因为这段河道是疏通改造自然河道卫河、滹沱河而成，所以也称为“卫河”或“卫运河”。而今南运河的河道尚在，但水量很小，已经无法通航了。

二、从临清到徐州：会通河

临清处于南运河与会通河交汇处。会通河水流到临清城南，分为南北两支进入南运河：北支为元代开挖，向西北流入南运河，明代以后不再行船；南支为明代所开，折向西南流入南运河，是会通河的主河道。在会通河南支、北支相交处，有一个用土堆成的高台，外边砌以砖石，形状有些像鳌头，会通河南支、北支上各有两座船闸，像鳌足，而广济桥像鳌尾，所以后来人们称这砖石砌成的高台为“鳌头矶”。台上建有观音阁、李公祠、吕祖堂、望海楼，是当年文人雅士登高远眺、游览聚会之处。运河南支岸边，有钞关旧址。临清钞关始建于明朝前期，是大运河上重要的税关之一。钞关建有正堂三间，科房十二间，皂房三间，巡拦房三间，轩三间，后堂三间，厅三间，仓库四间，后面是官宅。正堂前是仪门，仪门外两侧又有舍房、税房等十余间，再往前是正门，建“裕国”、“通商”两座牌坊，牌坊旁边有课税大使署、玉音楼、官厅、阅货厅等建筑。关前河中有铁链直达两岸，开关时撤掉铁链才能行

临清鳌头矶

船。现在钞关已经残破不堪，但尚存仪门、正堂、穿厅、舍房，大体还能看到当年钞关的规模。

自临清沿古运河道向南到聊城，这里是明清东昌府驻地，运河从城东门外流过，河西岸有山陕会馆。聊城山陕会馆是全国保存最完好、最具代表性的商人会馆之一。它是由来聊城经商的山西、陕西商人集资建立的一处神庙与会馆相结合的建筑群，始建于清乾隆八年（1743），至乾隆十二年，山门、正殿等主体工程竣工，其后逐年扩建，至嘉庆十四年（1809）才具有现在的规模。会馆坐西面东，南北阔44米，东西深75米，占地3311平方米。有山门、戏楼、夹楼、钟鼓楼、南北看楼、南北碑亭、大殿、春秋阁等共计160余间。画栋雕梁，飞檐挑角，金碧辉煌。在这座极具民族建筑风格的会馆内，还保存有记述历年修建、扩建事项的碑刻19通，楹联13幅，照壁及折壁人物、花鸟、山水等石刻画12幅，浮雕、透雕的木质额坊42方，戏楼化妆间四壁写满了各地戏班名称、演出剧目、打油诗等等，整个会馆充溢着浓郁的文化气息。它糅合了儒、道、释以及新兴的市井文化，充分展示了山陕商人的经商理念、价值取向、经营方式、消费观念、欣赏水平和人生追求。

自聊城沿古运河向南是张秋镇，明清时期，它也是一个十分繁荣的商业城镇。清末黄河改道，从这里夺大清河入海，张秋镇很快衰落

了。黄河以南的明清古运河河道从东平湖东侧流过，而后到达南旺。这里是引汶水流入大运河的分水口。元朝在今宁阳县北堽城里村附近的汶水上修筑拦河坝，拦汶水入洸河至济宁入运河。明朝又在今东平县以东的汶河上修戴村坝，拦汶水至南旺入运河。戴村坝南北长443米，以石块砌成，石块间用铁制束腰扣榫相连，将整个大坝锁为一体，气势磅礴，雄伟壮观，现在大坝已被列为山东省重点文物加以保护。南旺汶水入运口的运河西岸，有分水龙王庙建筑群，运河废弃后，建筑年久失修，大都倾塌，最近在旧址上重新修建，主体建筑渐次竣工。

南王分水龙王庙老照片

过南旺不远便到济宁，在古运河北岸的三丈八尺高的城墙上，建

有雄伟壮观的太白楼。如今的太白楼始建于明初，解放后在原址上重修，坐北朝南，面宽7间，东西长80米，南北进深13米，高15米，楼体为两层重檐歇山式建筑。古城外运河西岸，有全国闻名的清真东大寺。该寺始建于明代早期，后多次重修。主要建筑有重檐圆顶的“邦克楼”、南北讲堂、可容纳两千穆斯林作礼拜的大殿、高三层的望月楼。建筑高大巍峨，布局严整，工艺精湛，是中国伊斯兰寺院的代表性建筑。

济宁太白楼

清代末年起，临清到济宁间的运河河道逐渐废弃，现在大都成为农田，只是在沿线城镇村落附近，才能看到古运河的遗迹。1958年以后，交通部报请国务院批准，调集民工，在京杭大运河古河道以西，开挖了由梁山县沿东平湖西堤直到济宁以南通南阳湖的运河，这就是梁济运河，这段河道现在还可以通航。

由济宁向南，运河进入南四湖湖区。明清时期，济宁以北有北五湖，即位于今东平县境内的安山湖，汶上县南旺一带的南旺湖、蜀山湖、马踏湖，济宁城西北的马场湖。济宁以南有南四湖，即南阳湖、独山湖、昭阳湖、微山湖。除安山湖以外，其他都是会通河开挖以后形成的湖泊，用来积蓄泉源及自然河道之水。沿湖建有许多水闸，用来调节大运河的水量，当时被称为“水柜”，也就是现在的水库。如今，北五湖中的安山湖成为滞黄区，改称“东平湖”，其他四个湖泊均已完全消逝。南四湖有泗水流入，湖面仍然很大，一般通称“微山湖”。微山湖东西最宽处达25公里，南北长120公里，水域面积1266平方公里，是中国北方最大的淡水湖。湖中的南阳古镇仍然保留着明清时期的街道格局及大量古建筑。湖中有微山岛，上面有微子墓，微子是商纣王的哥哥；有张良墓，张良是西汉的开国功臣。微山湖物产丰富，不仅有各种鸟类、鱼类、两栖动物、植物，而且有煤炭等矿产资源。湖中浅水区有荷数十万亩，夏日荷花争奇斗艳，美如画卷。

微山湖

元代及明中期以前，运河从湖西流过，因常被黄河泛滥之水侵淤，所以明后期改挖新河道，运河改从湖东流过韩庄、台儿庄进入江苏邳州境内。黄河改道从山东境内入海以后，不再危害运河，所以现在运河主河道又改从微山湖西岸南行，过山东鱼台县，进入江苏沛县境，经徐州北到邳州。微山湖东岸的旧河道，也可以通行船只。济宁以南直到杭州的大运河，经过多次疏通改造，不仅可以通航，而且运输能力比明清时期大大提高了。

三、从徐州到淮安：中运河

从徐州或邳州到淮安的一段运河称“中运河”。徐州的云龙山北麓，原有清代乾隆皇帝南巡时所建临时住宿的宫殿，称为“行宫”。中国古代的皇帝沿运河到南方巡游次数最多的是清朝的康熙皇帝和乾隆皇帝。康熙皇帝从31岁到54岁期间，6次到江南巡游，其中第五次南巡时间最长，达4个月之久。巡游的目的，一是为了治理黄河水患，二是为了笼络南方的汉族知识分子，了解吏治情况。乾隆皇帝也曾6次下江南，虽然同样关注水利、吏治，但游山玩水的因素要大得多了。他沿途建有行宫30余处，船队有船上千艘，拉纤兵丁3600人，随从官员2000多人，夫役万人，沿途官员竞相攀比，大肆铺张。徐州的乾隆行宫只是众多行宫中的一处。

从徐州、邳州沿运河向东南行进，过宿迁后到达淮安。明清时期，这里是运河上的交通枢纽，设有河道总督府、漕运总督府等中央派出机构。漕运停止后，两个总督府相继毁弃，近年重建河道总督府，其主体工程作为水利博物馆展示了历代水利发展的情况。

四、从淮安到扬州：里运河

在整个京杭大运河发展史上，淮安到扬州这段运河历史最悠久。名称也多次变化，起初称“邗沟”，后来曾叫“中渎水”、“山阳渎”、“淮扬运河”。明清时期通常称之为“里运河”。渡淮河后沿运河南行，过宝应县，到高邮市。据说秦代曾在这里筑高台建立驿

传，汉代设县，于是取名“高邮”。明朝初年，沿运河建立水驿和水马驿，这里也建起了一座水马驿，名“盂城驿”，用来接待沿运河往来的官员使者。盂城驿位于高邮城南门大街馆驿巷内、大运河东岸，是中国目前保存较好的古驿站之一。驿站坐北朝南，两进厅舍有廊相连，前院为正厅五间，后院为后厅五间，架梁雕刻精致，建筑结构严谨，为清代乾隆年间的建筑风格。驿旁有“秦邮公馆”门楼一座，为清代晚期建筑。驿前临河处原有“皇华厅”，后毁。1993年全面修复后，辟为全国唯一的“邮驿博物馆”，后被批准为全国重点文物保护单位。

高邮古驿站

从高邮沿运河乘船南行便到扬州。到扬州来的人都会游览瘦西湖。瘦西湖位于扬州古城西郊，原来是蜀冈山水流入大运河的自然水道，沿岸有许多自然景观，康熙、乾隆皇帝南巡的时候，曾多次来到这里，后来又增建了许多人文景观，逐渐形成一个园林风景区。游人可沿着当年乾隆皇帝巡游的路线，由御码头乘船过冶春、红园、卷古洞天、西园曲水、虹桥，然后进入瘦西湖，陆行游览徐园、小金山、钓台，而后到二十四桥景区，最后到达蜀冈景区，游览大明寺、鉴真纪念堂、西灵塔、平山堂、谷林堂、欧阳修祠和西园。

瓜洲古渡

运河过扬州后有两条水道通向长江，一条向南到瓜洲，对岸便是镇江；一条向西南到仪真，也就是现在的仪征市。长江中泥沙淤积成洲逐渐露出水面，因形状像“瓜”字，所以取名“瓜洲”。瓜洲自古就是长江下游的重要渡口。清代康熙年间，瓜洲江岸开始崩塌，到清末完全沉入江中。现在的瓜洲渡，是清末以来多次重建而成。

五、从镇江到杭州：江南运河

沿运河过长江后便到镇江。镇江城北一公里处的北固山上，有座规模宏大的寺院，叫“甘露寺”。提起甘露寺，人们自然会想起《三国演义》中描写的刘备在此招亲的故事。不过，三国时候，这里还没有寺院。它最初建于唐代，后来又多次重建。寺中有宋代铁塔，原有七层，现仅存二层及塔座，系铁铸仿木楼阁式塔。天王殿、老君殿、

甘露寺

观音殿均为清末建筑。另外有江声亭、凌云亭、天津泉、秋月潭等景致多处。镇江的金山寺是一座古老的寺院，它始建于东晋，当时名叫“泽心寺”，是佛教禅宗的著名寺院。北宋时宋真宗曾来这里游览，所以更名“龙游寺”，康熙南巡时也曾到这里，并赐名“江天禅寺”。但从唐朝以后，人们习惯上称其为“金山寺”。该寺依山而建，山势殿堂浑然一体。寺中有天王殿、大雄宝殿、夕照阁、观音阁、妙高楞伽台、慈寿塔、法海洞等建筑及名胜。

过镇江沿运河向东南行进，临太湖之滨，到无锡市。太湖畔多自然景观，惠山之麓的自然景观与人文景观俱佳。城内古运河西岸有东林书院旧址，这里原来是北宋时候无锡学者们讲学的地方，后来荒废毁弃。明朝万历后期，政治腐败，宦官专权，在吏部做官的顾宪成被革职后回到家乡，重新在这里建起书院。他和高攀龙等人在这里讲学，同时议论朝政，指陈时弊，得到许多学者、名士支持，以至于学舍无法容纳，人称“东林党”，书院也因此称“东林书院”。书院内现存石牌坊、仪门、丽泽堂、碑亭、道南祠等建筑，而顾宪成撰写的对联“风声雨声读书声，声声入耳；家事国事天下事，事事关心”，更是家喻户晓，人人皆知。

从无锡沿运河向东南，不远便到达苏州。苏州城西北郊的虎丘，享有“吴中第一名胜”的美誉。虎丘山不高，但风景名胜很多，有历

无锡东林书院

时千年的云岩寺塔，有清澈见底的虎丘剑池，有相传为茶圣陆羽所挖的陆羽井，还有冷香阁、断梁店、试剑石、孙武亭等。位于苏州阊门外枫桥镇运河边上的寒山寺，始建于公元5世纪初，唐代诗人张继乘船经过这里，留下名诗《枫桥夜泊》：“月落乌啼霜满天，江枫渔火对愁眠。姑苏城外寒山寺，夜半钟声到客船。”现在寺内有张继诗碑、寒山等僧人石刻像、历代名人咏寒山寺碑刻以及巨钟、藏经楼、江枫第一楼等。另外，苏州城中还有始建于晋代的玄妙观，是全国规模最大的道教宫观之一。苏州城中私家园林很多，清朝末年曾达170余处，现在保存完好的有60多处，对外开放的10余处，所以历来有“江南园林甲天下，苏州园林甲江南”的说法。其中拙政园、留园、网师园、环秀山庄、沧浪亭、狮子林、艺圃、耦园、退思园，均被列入《世界遗产名录》。拙政园占地62亩，初建于明朝，现在的园林面貌形成于清末，是苏州最大的一处园林，也是苏州园林的代表作。总体布局以水为中心，亭台楼阁均临水建造，主要建筑物有远香堂、雪香云蔚亭、待霜亭、留听阁、十八曼陀罗花馆、三十六鸳鸯楼等。留园位于苏州阊门外，始建于明朝嘉靖年间，光绪年间整修扩建，占地50亩，分东、西、中、北四部分，空间安排疏密有致、变化多端。中部以山水为主，是全园的精华所在。园中主要建筑有涵碧山房、闻木

枫桥风光

樨香亭、明瑟楼、远翠阁、曲溪楼、清风池馆等，以结构严谨、精巧雅致著称。拙政园、留园和北京的颐和园、承德的避暑山庄并称为“中国四大古典园林”。

江南运河由苏州向南至嘉兴市，折向西南到达杭州。杭州的西湖，是京杭运河南端最著名的风景区，位于西湖西侧的灵隐寺，初建于东晋，到五代时便已十分兴盛，主要建筑有天王殿和大雄宝殿。大雄宝殿高33.6米，殿正中有贴金释迦牟尼像，身高9.1米，加上莲花底座和佛光顶盘，共高19.69米，佛像用24块香樟木雕刻而成。寺中还有北宋时候建造的两座八角九层仿木结构石塔和两座石经幢。西湖北边的栖霞岭南麓有岳飞墓，又称“岳王庙”，始建于南宋，后历代重修，现存建筑是康熙末年所建。庙门是二层重檐建筑，正中悬“岳王庙”竖匾。进入庙门有天井院落，青石甬道两旁古木参天。正殿中是4.5米高的岳飞塑像，上面悬挂着岳飞手书“还我山河”横匾。正殿西有庭院，南北两侧各有一碑廊，刻有岳飞诗词、奏札等手迹。过精忠桥有墓阙，再往里就是岳飞墓园。墓前的石翁仲、石马、石羊、石虎，为明代之物。正中为岳飞墓，墓碑刻“宋岳鄂王墓”五个大字。左边有岳飞的长子岳云之墓。墓墙两侧的铁栅栏里，有反剪双手的秦桧、秦桧妻王氏、万（mò）俟（qí）卨（xìe）、张俊等人的铁铸跪像。墓前望柱上刻有一联：“青山有幸埋忠骨，白铁无辜铸佞臣。”

杭州岳王庙

六、从杭州到宁波：浙东运河

自杭州向东经过萧山、绍兴、上虞、余姚、宁波，直到宁波市镇海区的运河，称“浙东运河”。从杭州到上虞东通明堰一段是人工河道，以下到镇海一段是疏通自然河道而成。这条运河最早由越国开凿于春秋末年，到东晋时大体全线贯通。绍兴是座文化底蕴丰厚的古城。城南塔山南麓的畅和堂，是秋瑾故居。秋瑾故居坐北朝南，依山而建，五进院落，占地650平方米。第一进是门厅，旁有侧房，外地革命党来绍兴时曾在这里居住。第二进是会客室、客厅、餐厅、秋瑾

绍兴鲁迅故居

卧室。第三进是秋瑾兄嫂卧室。第四进是秋瑾母亲的住处。第五进是厨房。第四、五进已辟为秋瑾事迹陈列室。绍兴城内还有鲁迅故居，位于都昌坊口周家新台门西首。周家新台门建于清朝后期，坐北朝南，院落六进，是周家聚族而居的地方。鲁迅家住第三进、第四进，其中有鲁迅卧室、会客用餐处、鲁迅生母、继母卧室、灶间等。周家新台门后有百草园。而有名的三味书屋则与周家台门隔小河相望，坐东朝西，砖木结构，为清代建筑。它们都是鲁迅故居的组成部分。

宁波城内的天一阁，是中国著名的私家藏书楼，为明代后期兵部侍郎范钦所建。天一阁共两层，下层6间，上层为一大通间。古人藏书，最怕火灾，所以范钦按《易经》中“天一生水，地六成之”的话进行设计，并取“天一”为阁名。阁前有蓄水池，作消防之用。阁中原收藏各种珍本书籍七万余卷，其中以地方志及登科录最为珍贵。乾隆年间修《四库全书》，范氏后人曾献书600余种，后来乾隆皇帝命人测绘天一阁建筑图式，据此建成七个藏书楼，用来收藏《四库全书》。如今天一阁已成为集藏书研究、保护、管理、陈列、社会教育、旅游观光于一体的专题性博物馆。另外，宁波东乡有始建于西晋的天童寺，洪塘镇有始建于唐代的马鞍寺，都是著名的佛寺建筑。

运河中流淌的是逝者如斯、不舍昼夜的水，但留给我们的却是永不磨灭的文化。

宁波天一阁

图书在版编目（CIP）数据

运河文化/李泉著. —济南：山东大学出版社，2013.5
（中国文化读本/宁继鸣主编）
ISBN 978-7-5607-4703-3

Ⅰ.①运…
Ⅱ.①李…
Ⅲ.①运河-文化-中国-通俗读物
Ⅳ.①K928.42-49

中国版本图书馆CIP数据核字（2012）第295033号

策划编辑：刘彤
责任编辑：秦大忠
装祯设计：牛钧

出版发行：山东大学出版社
社址：山东省济南市山大南路20号
邮编：250100
电话：市场部（0531）88364466
经销：山东省新华书店
印刷：济南新先锋彩印有限公司印刷
规格：880毫米×1230毫米　1/24　4.25印张　52千字
版次：2013年5月第1版
印次：2013年5月第1次印刷
定价：18.00元